AF488946

PAULINA ROJAS SÁNCHEZ
Todos vieron al sol quemar el pastizal
Buenos Aires Poetry, 2023
58 p.; 15.24 x 22.86 cm
ISBN 978-987-8470-58-0
Poesía Mexicana

Editorial ©Buenos Aires Poetry

Colección ©Pippa Passes

Diseño editorial ©Camila Evia

BUENOS AIRES POETRY

editorial@buenosairespoetry.com

www.editorialbuenosairespoetry.com

www.buenosairespoetry.com

BUENOS
AIRES
POETRY

PIPPA
PASSES

Todos vieron al sol quemar el pastizal

PAULINA ROJAS SÁNCHEZ

PAULINA ROJAS SÁNCHEZ

—

Todos vieron al sol quemar el pastizal

✳

✳

Quemar el pastizal

La fragancia indecisa de un olor olvidado,
llegó como un fantasma y me habló del pasado.
José Asunción Silva

Sólo angustia es la heredad de padres a hijos.
Sólo angustia y fracaso
y un punto ciego de dolor en el cuerpo.
Juan Carlos Bautista

Pastizal

En la línea donde el sol se hace sombra,
desfigurado el rostro
y una cama húmeda de miedo,
rezo canciones de abandono.

Olas de calor en tardes espesas.
Pasajera es la estancia del viajero
que ha roto el jarrón de porcelana
y en un rumor la inocencia.

Hermano antiguo, el rencor,
daga intermitente entre sones,
correr por la escalera
y encontrar en la llave del ropero
a la abuela y sus secretos.

Estruendo de un reloj,
claves descifradas en la arritmia,
grito de ayuda.
Todos vieron al sol quemar el pastizal
y cerraron los ojos.

Días de escuela

Caminito de la escuela,
porque quieren aprender,
van todos los animales
encantados de volver.
F. Gabilondo Soler

Sólo hay dos caminos:
Jóvenes de sonrisa malsana
y una mano en la entrepierna.
O un hombre apacible,
contemplando las mañanas,
mientras fuma Delicados.

Eres niña grande,
juegas a ser pájaro, margarita,
lince que trepa los roperos.
Este día, los pasos inseguros,
la escuela al fondo de la calle,
un punto en el mapa.

Olor a tabaco es el recuerdo,
una promesa de antaño.
El humo te sostiene,
nube gris que viaja hasta su boca.

Ese hombre te ha besado,
aplasta tus labios con su aliento.
De tus ojos nace un hilo negro,
sangre y fin de este tiempo.

Está escrito todo,
serás madre,
esposa
o muerte.
Verás a otras caer en esa trampa de calles empedradas,
y en la hoguera,
te quemarás con ellas.

Ellos y el viento

No fue error tu mano sobre mi cuerpo.
Fue daga,
punzón incandescente en el pecho.
Indefensas
las heridas de cristal en la sonrisa,
henchida burla.

Inútil es gritar,
ellos y el viento
la verdad se llevan.
Ellos y el viento
reclaman la victoria
de la sangre sobre mi cuerpo.

Honores a la bandera

Niños en fila
recitando versos que nada significan.
Himno y juramento
a un país sin sentido todavía.

Balas de sol atraviesan al más débil
siempre desmayado.
Derramo miel sobre tus manos
y cae,
pesada en el asfalto.

Se va el cariño líquido,
la ternura.
Quedas tú,
queda él,
y el amarillo de su sangre.

Canto de viudez

Caminar del lado de la sombra
para evitar la insolación
y la inquisidora mirada
del juez y el asesino.

Se quedaron
la hermana de mi padre
y esa casa vieja
en el derrumbe del tiempo
de un país enigmático.
Cruzar el patio en una balsa
después del desayuno
para besar a esa mujer.

Conocí la tristeza en la viudez de su mirada,
un vestido de flores,
las palabras solas
y el bochorno de la tarde.

Esta noche,
las dos aceras son la misma,
los ojos del juez y el asesino
se entretienen en la hoguera.

Sortilegio

Con Odette

Dos veces te soñé.
Corrí por las sombras
entre edificios conocidos.
No era ciudad el sueño,
era bosque,
un tiempo alargado,
donde el chasquido dura una tarde.

Al despertar fui otra.
Un tintineo anuncia la llegada
de un vago rumor en el azul de tu nombre.
Jueves fue la cita concertada
que el deseo en martes la convierte.

Le nombramos amor
cuando era presagio,
fortuna echada,
sortilegios de una tarde.

Una silla vacía al lado de la cama.
Fiesta de pasos ensayados,
de percusiones caribeñas.
La espalda en el borde
y el ritmo de mi mano sobre tu pierna.

Dorada
una ilusión tras el gris del espejo.
En el picaporte se posa la mano,
sueño astral de la memoria.

¿Qué es el amor? preguntas.
Ideas,
susurros escondidos debajo de la cama,
buscando lo negado.

Aguardo las noticias
en esta sala que no existe,
un líquido amargo juguetea en el ombligo.
Sentir el peligro,
hollín que se cuela en la alfombra.

Nadie sabe lo que esconde el candelabro,
una suerte de indómitas palabras
                        imaginarias
tras las notas del piano.
Definir amor, quizá,

                es un ejercicio de exclusión.

Lunas sobre Marte

No quiero besarte,
ni sentir las agujas de aire en el cuello.
Una bandera que cae como pendientes
de perlas sostenidas
y dos lunas sobre Marte.

Tus manos juegan a encontrarme,
barandal de infinitos
y una flecha en la mirada.
De una caja negra nace el viento,
juegos de relámpago,
mi dedo en tu boca.

Poco importa quién espera en la alcoba,
cuando en sueño te conviertes
y una cosquilla repta sobre los lunares.
Entonces,
sólo entonces,
podría besarte.

Cartas descubiertas

Ser la hija de en medio
con sus pocas ventajas,
esconderse en la maleta
de un cuarto de azotea.
Pregón que anuncia
unas cartas descubiertas.

La madre recrimina,
en silenciosa mirada.
Humo en espiral es el rencor
de confesiones a medias
en las visitas de domingo,
entre dolores y cantos de mercado.

Puerta de mar

Sobre las curvas de tus manos
dibujo rutas marinas,
inciertos los caminos
de un futuro que no es mío.
Del agua,
una voz adormecida,
distrae los deseos de pensarte.

Al norte,
la puerta de mar y su vigía acechan:
un crucero vacío
y el *no* en el silencio del ocaso.

Amenaza fortuita tú y tus ojos,
el ciclón es mi pierna que nunca toca tierra.
Lluvia en la memoria
de un momento en tus ojos.

Malecón 663

Quise ver el malecón,
mirar el azul,
las olas que un día habité.
Recordar la gaviota,
decir tú y el viento.

Quise ver el malecón
cuando en esa habitación callamos
y el sol se metía
por el ojo amarillo
de una taza de porcelana.

Estaba ahí
en las noches de divisas,
puertas cerradas
y el rumor de una pelea.

Llegué al malecón y era de noche,
el mar ya nada era.
Fue sirena de otros tiempos,
reina de belleza,
promesa y fantasía.

Supe de él por las historias que contabas,
que contaron las abuelas.
Y entonces fue el tiempo de huir,
cuando la lanza
cruzó el horizonte.

Costurera

El punto de cruz marca el camino de mentiras,
la aguja redondea los detalles
de una niña en hilos rosa.
El revés es otra historia,
nudos que se agolpan,
sangran los dedos.

Un signo de aire
y cajitas chinas de otro siglo.
Perfecto orden en la madeja,
mitad tú,
mitad yo,
anverso y reverso
de puntadas invisibles.

Invasión

Son ciertos los rumores,
la guerra comenzó al noroeste,
y desde aquí donde te miro,
no son favorables los augurios.

Negro el futuro,
negro tu cabello en un deseo.
En la calle jugamos a ser felices,
pantallas de ojos cerrados.

Las luciérnagas en hilera,
última llamada para huir.
Un país no se divide
y el amor tampoco.
Esta noche, la primera bomba ha caído.

Pergamino

En el paseo hacia el lago
un nombre digo en secreto.
Queda atrapado en las ramas,
preguntas a medias,
en los otoños que apenas comienzan.

Peligro es el deseo.
Del ropero escojo un abrigo de aire,
al fondo
la guitarra de hojarascas
crujiendo en notas de cristal.

Miro tu recuerdo,
tumultuosos los sonidos en el pecho.
Rosa el color del pergamino
de nuevas historias ya escritas.

Vértices

Una hoja es el regalo.
Dibujo un talismán,
cruz terminada en curva
de vértices al filo del ovillo.
Se une al camino la palabra,
escribir ese amor será palpitar de lluvia.

Pasas a mi lado
con clásicas canciones de cuerda,
aroma cítrico escondido para luego.
En la habitación,
detener mi mano en tu pecho,
en la herida que sube por el vientre
y bajar por el caudal de agua blanca.

Entonces vuelvo a verte,
con tiempos detenidos en los ojos.
La suerte en el signo
de este verso que te escribo.

Septiembre

32

La mujer del espejo mira al pasado,
un número esconde en el bolsillo
y calla las voces que se cuelan por los ojos.
Dibuja en el aire una silueta,
estela de humo entre los árboles
instrumento de viento.

El reflejo es el ahora.
Años que comienzan en septiembre
cuando en la balanza Mercurio se acomoda.
En el cuarto contiguo
la luz se ha encendido.
Mientras
yo
espero su sonrisa
y los regalos que anteceden.

Meridiano

Para Cami

Los ademanes de entre la niebla
anuncian el silencio.
Cambia el color de sus ojos.
Con la mano toca el cielo
y una nube se deshace.

Ya no juega a deslizarse por la calle
ni explota las burbujas en el viento.
Fuerte es su mirada
porque las piruetas en el hielo han cesado.

Busca indiferente
dos rostros
en la audiencia.
Siempre es viejo el inicio
si caminas sobre el mismo eje.

Sucesiones
infinitas
de puntos conectados.

Maternidad

Como los míos
son los ojos de mi madre,
buscan curar la herida
de un abandono prematuro.
Vertida de lágrimas la pócima
en el río absoluto de rencores.

Su ternura conocí sólo una tarde.
Detrás de la mueca
y una calle luminosa
se escondió para vernos.

De una hija
alguna vez quise ser madre.
Con mis dedos peinar sus cabellos,
renacer en el recuerdo
de esa tarde,
en los nudos de la infancia.

En el viaje

Regreso donde comenzó la historia
contada aquellas tardes.
Podías decir nada
o una vida al ocaso.
Ceniza en los pulmones,
en el temor a la tierra escondida,
subsuelo es el tropel de desengaños.

Reinventaré tu infancia en mi memoria,
viaje en el sueño del que no despertamos,
cuando el televisor apagó el programa de noticias
en ese instante nuestro.

Buscaré el callejón de nombre oculto,
lanza de barro en el músculo encarnada,
y entenderé,
al fin,
por qué al recordar,
siempre miras al infinito.

Contienda

Frente a mí,
dos siluetas saltan al vacío,
saltimbanqui de fuentes impolutas.
Ligereza en el cuerpo
de metal que el agua corroe.

De pie,
la reverencia casi perfecta,
invicta,
la sombra agradece los favores
y el lirio ganado en la afrenta.

Al fondo del estanque,
otro cuerpo inmóvil
ha roto su esternón de piedra.
Toda vida es contienda,
un ir y venir de cascada
a mitad de camino.

Entre aguas

Caro es el dolor
de los cuerpos hundidos
cuando la mano se vuelve gavilán,
ave rapaz al acecho.

Somos premio de consolación,
falacia de otras vidas,
castigo en el regazo de una madre.

¿Has tenido dolor? Fue la pregunta
Sí, comenzó contigo,
ahora soy esto:
un vientre vacío
entre aguas.

Pecera

Pregones vulgares anuncian la partida,
rumbos conocidos
y peligros de perderse.
Cambian los dígitos de un milenio,
las tardes de mayo pausan los segundos que recorro,
peces en movimiento y cautiverio.

¿A dónde viajan los anhelos?
¿A dónde viaja la mirada de ese hombre?
Veneno es su sudor de días alargado,
raspa mis piernas con los ojos,
arde la tristeza
de saberte sola en estas aguas contenidas.

Nada detiene al conductor,
viejas cumbias aletargan el rumbo de la marcha.
Una mujer duerme en el asiento,
en su reflejo, una niña baila en el aire.
Trapecista de caminos urbanos,
se balancea entre balas en el aire y vidrios rotos.

Dos horas son el tiempo y el camino,
miro al frente de la jaula líquida
antes de estrellar el rostro en el cristal.

Serpiente abisal

Días infinitos
como canto ancestral memorizado.
Dolor que no es tuyo,
ni mío,
ni del padre.
Músculo y hueso separados por viejas heridas.

Una bala se llevó el sueño
del Rembrandt adornando el parabrisas.
Siempre huye el asesino,
obra inconclusa es la muerte,
el huérfano, la pieza perdida.

Padre es ausencia,
dolencia que no mata.
Serpiente abisal, la amargura.

Orfandad

Comenzó la melancolía
esa mañana frente al ropero.
Una vida hubo antes
estuvimos ahí, alegres los ojos.

Caminamos hasta el lago,
no parecía distante el horizonte.
De un salto brincamos el arroyo,
tu mano se extendió
y dijiste esos hongos no se comen.

La fotografía selló el recuerdo
de felicidades pasajeras
y al llegar a casa
servida estaba la comida.

El peligro repta las paredes
de una habitación en el olvido.
Entre los cristales solitarios
de una tristeza vaga, profunda,
nadie puede defenderte.

Y cerraron los ojos

Todos vieron al sol quemar el pastizal.
Gritaron un nombre que no era mío.
- ¡Ven, esta es tu casa!
Desnúdate en la alfombra frente al fuego.

Entonces fui ceniza,
polvo en el retrato antiguo,
recuerdo de una confesión en otra lengua.

Todo lo permite el sigilo.
Entrar en la alcoba,
beber de tu entrepierna,
hurtar el lápiz carmín del tocador.
En la cocina escabullirse
e incinerar el acto cometido.

Esa a quién llaman no soy yo.
Yo también puedo cerrar los ojos.

Retablos citadinos

✻

Hay ciudades que sólo viven en los sueños
cofres vacíos de los que apenas queda
un aroma que tal vez nunca existió.
Odette Alonso

Para la ciudad

…ahora que tú te mueres con tus pesares
déjame que te cante yo también…
Rafael Hernández Marín

En los espacios perdidos
de otras genealogías
está la foto del bisabuelo a caballo
y su semblante de indio.
La catarata de la abuela muestra las pausas escondidas
la milpa de su infancia,
una parada de autobús a mitad de carretera.
Ella muere en un hospital de ciudad
sin memoria de cuándo emigró,
lejos está su padre
y la granja perdida por el sueño citadino.

Cine Mariscala

A la intemperie
una butaca vacía muestra
el tiempo casi muerto.

Estática del devenir,
filme silencioso
que esconde una idea de antaño
en el carrete.

Vagabundo es el hombre
dormido en medio de la sala.
Buscó un día el sosiego
de actores y ficciones.

La marquesina anuncia su espera,
gloria en los aplausos
mas cuando todos se han ido
no hay permanencia voluntaria.

Falso despertar

La muerte seduce los lunes,
usa sus mejores ropas,
lágrimas envueltas en seda
de aburrimiento.

Del puente pende un hilo,
cuelga de la pantalla,
viento en el cuello
sangre en el parabrisas.

Una mujer de negra mirada
ata mi mano a su cintura,
anhelo de ojos cerrados.

Media sonrisa en el rostro
anuncia la partida,
mas falso es el despertar
al sonido del timbre.

De 9 a 7

Una verdad sustentada en signos,
cambios que al mismo sitio llevan,
mentiras detrás de la aritmética.

Las horas no existen,
son un transcurrir entre autobuses,
tiempos marcados por una huella,
calles oscuras
de hombres al acecho en los portales.

El hogar es un giro de silla,
calendarios
y dolor en la muñeca.
Todo termina,
una fórmula repetida al infinito
y el hilo aleatorio de la música.

Fotografía

El ojo se derrite
entre las nubes de una pérdida.
Frío en la espalda
y un poco respirar.

Los despertares
de trenes y de telas,
lentes empañados,
se diluyen y pasan
en dos días,
siete meses,
cuatro años.

Ella como un sueño,
manos tibias,
enmarcada en madera la sonrisa.

Pasean a su ritmo los recuerdos
que llegan
y se pierden,
entre polvos.

Tacuba 17

52

Cuando caiga el edificio,
afuera,
veremos girar el rumbo de la música
en los discos de acetato.
Sobre las ruinas los últimos besos,
caerán mis brazos sobre tus caderas.
Busco la muerte en tu mirada,
y las notas,
pesadas entre el polvo,
desaparecen.

Domingo

Días de primavera,
los primeros,
cuando la claridad es sólo presagio.
Las estaciones pasan
como capítulo repetido,
lluvias moradas   sin palabras
ni imágenes.
Sólo la esperanza azul,
desdibujada.

Por la noche

Avisa cuando llegues, decía el mensaje
y me vi entre bosques, calles oscuras
y ojos de vecinas juzgando las horas de llegada.
¿Eso que oigo es el llanto de un niño
o los gritos de un gato que ha perdido la batalla?
La cabeza es un vuelo en turbulencia,
presiente el peligro,
urgencia de huir o de llegar.

Avisa cuando llegues, dijo ella,
mientras viajaba en carretera,
soñaba al mar y una boca que era tuya.
La soledad de una mano sobre el hombro
y ciento cuarenta caballos de fuerza.
Para el extraño, vedado es el mensaje.
Una clave es la vida,
mal augurio la paloma gris en solitario.

Estoy en casa.
Mañana el maquillaje será una sombra negra
y en la oscuridad de su habitación,
la muerte con cara familiar.

Sobre la autora

Paulina Rojas Sánchez (Ciudad de México, 1987). Profesional de museos y editora. Estudió la licenciatura en lengua y literaturas hispánicas en la Universidad Nacional Autónoma de México. Es coeditora de *Versas y diversas. Muestra de poesía lésbica mexicana contemporánea* y de la colección Bulevar Arcoíris, dedicada a literatura LGBTI+. Éste es su primer libro.

Abril 2023
Impreso en Buenos Aires,
Buenos Aires Poetry
www.editorialbuenosairespoetry.com